I0837798

ENSAIO SOBRE A BONDADE

Taborda Fonseca

FICHA TÉCNICA

Título
Ensaio sobre a Bondade
Autoria
Taborda Fonseca
+351966629225;
quito.arantes@outlook.pt
www.quitoarantes.pt
Edição
De Autor
Coordenação literária de
Paula Ferreira
Capa
Imagem – Idalina Dionisio
Revisão
Paula Ferreira
Conceção Gráfica
Taborda Fonseca/KDP Selfpublishing
Paginação
Paula Ferreira

"Não devemos permitir que alguém saia da nossa presença sem se sentir melhor e mais feliz."

Madre Teresa de Calcutá

"Não existe verdadeira inteligência sem bondade."

Ludwig van Beethoven

Durante toda a vida desgostamos o bem que nos fazem. Não sabemos que mal se protagoniza no outro, seja amigo ou simples desconhecido. Muitas das vezes, o bem chega de quem menos esperamos, e frequentemente, sofremos desilusões de quem nos é próximo onde as expetativas são muitas.

Querer o bem do nosso semelhante faz de nós mais humanos e mais felizes, sabendo que fazemos os outros felizes.

Este ensaio sobre a bondade humana pode não trazer nada de novo, mas leva-nos a refletir que deve ser contínua a nossa aproximação à bondade. Cheio de maldade está o mundo, cheio a cada esquina que viramos. Mas devemo-nos manter longe do sarcasmo e de quem não nos traz tranquilidade. Se estamos neste mundo para nos ajudarmos uns aos outros, assim devemos levar o nosso caminho, dando sempre uma palavra amiga de bondade ao nosso semelhante.

Deste mundo só levamos o bem que fizermos, o mal fica nas trevas das nossas almas.

O Autor

Praticar o bem não é só para as religiosas ou religiosos, é, sobretudo, para toda a humanidade. Ao praticar o bem, estamos a desejar que o nosso semelhante seja feliz. Mas, a prática do bem não se limita só aos humanos, podemos e devemos fazer o bem também aos animais. Aqui é que a porca troce o rabo, porque nós somos carnívoros, matamos animais para a nossa alimentação, e em muitos casos por desporto. Não é aceitável, matar por desporto, é desumano e atroz. Pela lógica, os veganos é que estão certos. Mas não serão os vegetais também seres vivos? Penso que não devemos ser tão fundamentalistas, pois um meio-termo seria o ideal.

Não queria entrar por uma filosofia existencialista, mas ser o mais simples possível para compreensão de todos. Praticar o bem e não enveredar pela malvadez, é um princípio que devemos transmitir de geração em geração. A crença budista e cristã são doutrinas filosóficas da bondade e do amor pela vida.

Devemos imbuir de amor tudo o que fazemos. Não responder ao mal com o mal, mas sim trazendo o mal para o bem. Só assim a civilização humana pode crescer.

A televisão está infestada de terror e crueldade. Tiroteios, violência gratuita é o pão nosso de cada dia. Não admira que a violência esteja enraizada na sociedade, é a indústria do cinema, a repressão social das sociedades modernas que evoluíram para este caos.

A história recente mostrou-nos as maiores atrocidades de ditadores que proliferaram pelo mundo inteiro. Parece que não estamos a aprender com todos os genocídios que aconteceram. A verdade é que, em pleno século XXI, ainda ocorrem longe dos media ocidentais.

Dizer que existe paz no mundo, é uma atroz falta de consciência por quem está a sofrer os males do terrorismo e de déspotas que impõem regimes autoritários e onde o povo sofre todos os dias. Mesmo nas sociedades ditas democratas ocidentais nem sempre a bondade prevalece.

Muitas injustiças são praticadas todos os dias e, claro, os mais pobres são quem sofrem mais com isso.

Numa sociedade benemérita não há lugar para maldade, mas sim bondade com o nosso próximo. A sociedade capitalista criou desigualdades, pobreza e muita injustiça social. Cabe a nós, cidadão comum, combater estas desigualdades em prol de uma sociedade mais justa e solidária.

Não somos obrigados a estar em sofrimento permanente, tem de haver tréguas para quem está em sofrimento que, como sabemos, não é só físico, mas também psicológico. Tratar das amarguras é doloroso e, por vezes, parece que não tem fim. Aqui devia entrar a bondade do cidadão comum para minimizar a dor. É bom que levemos sempre connosco a intensão de fazer o bem, porque assim, seremos e faremos os outros mais felizes.

Vou-vos contar um pequeno episódio que se passou na minha pacata cidade, onde eu entrevi. Estava a passar pela rua mais movimentada da cidade, era dia de feira semanal, e deparei-me com um jovem adulto sentado no chão. Mostrava um cartaz que dizia que não tinha trabalho e precisava de dinheiro para comer. Quase ninguém lhe ligava e eu vi nos seus olhos a humilhação por que estava a passar. Uns transeuntes diziam: - Deve ser romeno, tem bom aspeto, não parece que passe fome.

Eu fiquei incomodado e de imediato fui colocar dinheiro para o ajudar. Ele sorriu e eu sorri para ele. Claro que o problema dele não iria ser resolvido, mas pelo menos, contribuí para lhe matar a fome. Nunca se sabe se as situações se podem inverter, nada é garantido nesta vida, somente a morte. Nunca mais voltei a ver o jovem adulto e que caminho levou, mas pelo menos, sei que me coube diminuir o seu sofrimento. Fiquei a pensar que os transeuntes que criticavam o jovem são os impostores da sociedade, que julgam todos pela aparência, sem dar o benefício da dúvida.

Nunca me caiu nada por fazer o bem, antes pelo contrário, sempre me senti mais leve e melhor comigo próprio. É nossa missão terrena praticar o bem, só assim nos podemos sentir em paz connosco.

Nestes encontros e desencontros da vida, nunca sabemos o que nos está reservado. Portanto, devemos caminhar de consciência tranquila sem rabos-de-palha, sem promiscuidade. Quando não podermos fazer nada para melhorar a vida do nosso semelhante, pelo menos, que não façamos coisas para piorar. Devemos estar com elevada consciência para viver em paz e sermos solidários, assim a vida fará sentido.

Muitas vezes, somos injustiçados e não sabemos de onde vêm essas injustiças. Temos de estar cientes que, ocasionalmente, as injustiças vêm de quem menos esperamos, e com isso, devemos ser condescendentes porque o mal, por vezes, é colateral.

O maldizer é frequente nas nossas sociedades, espezinhar o semelhante sem saber qual é a sua realidade. É muito comum haver julgamentos precipitados. Devemos ser cautelosos nas nossas atitudes e precaver se estamos a ser injustos com as pessoas em causa. Ser bondoso não é ser Madre Teresa de Calcutá, é saber qual é o nosso papel na vida em sociedade, sem atropelar a vida dos outros. Em cada ato de bondade que fizermos é mais um passo para a purificação da nossa alma. Sentimo-nos mais leves quando praticamos o bem. Porque será? Porque é isso que levamos desta vida. O bem que fazemos aos outros, por vezes, prejudicando-nos, mas ainda assim, praticar o bem é uma causa maior que, mais tarde ou mais cedo, terá o seu retorno.

Ser rico ou pobre não define o nosso eu, mas sim, as nossas atitudes perante o nosso semelhante. Porque será que é no mais pobre que se encontra a maior das bondades? Porque o rico vive num casulo que não dá acesso a ninguém, enquanto o pobre abre todo o seu coração ao outro e sabe quanto custa viver na miséria, tentando minimizar o sofrimento do próximo.

A sociedade capitalista em que vivemos é muito injusta, principalmente com os pobres, quando o dinheiro é a razão para tudo, deixando a pobreza à sua sorte. Sociedades subdesenvolvidas, tanto em África, como na América Latina e Ásia estão reféns de poderes autoritários em que as chefias vivem na ostentação e o povo miseravelmente. Mas, o mundo ocidental tem a sua cota parte nestes desequilíbrios sociais. O ocidente, por casualidade mais rico, é egoísta na sua forma de distribuir riqueza. Primeiro, retira recursos naturais aos outros povos e depois, deixa-os descapitalizados, à sua sorte. Poder-se-á pensar que não existe bondade estrutural no mundo capitalista. É uma selva na busca de fortuna e bem-estar económico, não olhando a meios para obter os fins.

Se quisermos ver onde mora a bondade temos de ir ter com as mais humildes pessoas, desposadas de bens materiais, onde um prato de comida é abençoado. Existem pessoas ricas que se desposam dos bens e passam a viver humildemente. São raras, mas já li sobre isso num caso verídico. Não é fácil ser pobre, aliás, é muito angustiante quando sabemos que nada fizemos para cair na miséria. Também, não menos trágico, é ser pobre de espírito. Aí é que as coisas se complicam, aí a bondade não tem lugar.

Por vezes, ponho-me a pensar porque há tanta desumanidade na nossa sociedade. Eu sei que só os ingénuos não veem maldade ao virar da esquina. Há gente que tem como vontade humilhar os mais frágeis. Não sei por que carga de água, acham isso importante para as suas vidas. Ser sarcástico não é a melhor forma de estarmos perante a vida. Deitar abaixo, por qualquer palha, não me parece que seja razoável. Pode-se ser amigo sem compromisso imediato, pode-se ser solidário sem comprometer as nossas vidas. Tantas vezes eu não me sinto impotente, por não poder ajudar um sem-abrigo! Está nas mãos das autoridades colmatar as desigualdades. Também os nossos impostos são para isso, e não para injetar em empresas falidas e bancos, que nada acrescentam ao bem-comum.

Não temos governantes solidários com a população que está em sofrimento. Os governantes são uns "vaidosos" prontos para os holofotes dos media. O estrelato é para os egocêntricos e não para quem tem como obrigação melhorar as condições de vida do povo. Discute-se o ordenado mínimo, mas não se discute as reformas de miséria de mais de um milhão de portugueses. Um governo amigo do seu povo é tirá-lo da miséria, dar-lhe condições condignas de vida mas, em quarenta e sete anos de democracia, as desigualdades mantêm-se. Onde estão os bons governos, nenhum até agora.

No seu ínfimo os portugueses são bons, são solidários. O mesmo não se pode dizer dos governantes, que estão no poder para favorecer as suas clientelas partidárias. Como podemos nós andar a pedir dinheiro à Europa se não combatemos a pobreza extrema em Portugal? Como podemos servir de exemplo para alguma coisa se o nosso governo não é bom para com o povo?

Cristo foi um mensageiro da boa vontade, e em dois mil e vinte e um anos não aprendemos nada. Somos uns divagantes no tempo, existimos como se a vida nunca fosse ter um fim. Achar que os outros podem fazer melhor do que nós e a nós não nos compete melhorar o mundo, é muito egoísmo. Hoje temos tudo, amanhã não temos nada e só aí é que começamos a dar valor aos sentimentos da bondade.

Somos egoístas por natureza, mas podemos combater essa vontade de só pensarmos em nós. No nosso mundo também cabem os outros, mesmo que seja em pequenas doses. Aos poucos, vamos aprendendo que o mundo não gira à nossa volta e somos um todo, nós e os outros.

Existem pessoas desapegadas de bens materiais, são as que melhor coabitam com a bondade. A força de espírito, que é a essência dos nossos corpos é a que traz um sentido à nossa passagem pela terra, cria uma aura de felicidade no meio em que vivemos. Como é bonito praticar o bem, mesmo que, por vezes, sejamos prejudicados. É tão bonito criar felicidade nos outros. Fica a sensação de que não viemos ao mundo em vão. Praticar o bem faz-nos chegar a casa em paz com nós mesmos. O dia até pode ser duro, muitas contrariedades, mas quando, nesse mesmo dia, ajudamos alguém, esquecemos todas as nossas adversidades.

Amar o nosso semelhante sem ter em conta a condição de género é estarmos com Deus.

Quando nos esclarecemos com a vida e com os nossos propósitos, sabemos que só nos resta incentivar a proclamação da bondade, sem rodeios, vamos ao encontro do nosso coração selvagem, coração autêntico sem mordaças.

Pode ser um admirável mundo quando falamos com nós mesmos, e sentimos que, em algum lugar, alguém estará para nos amparar nesta maravilhosa existência.

A bondade está nos pequenos gestos de solidariedade que praticamos na comunidade. Não é necessário termos de ajudar pessoas conhecidas, pode muito bem ser um anónimo que se cruza na nossa vida por mero acaso. A bondade é mágica, eleva-nos a um estado de plenitude e tranquilidade. A vida faz mais sentido, coloca-nos num patamar elevado de consciência.

Por vezes, fazemos castelos no ar, sonhamos em ser ricos a bel-prazer, mas se estivermos acordados para a vida, os contos de fadas não estão nos nossos lugares, sabemos que o tempo passa a correr. Mais vale ter consciência da realidade da vida. Saber que muitos são privilegiados, face às populações que vivem em conflitos de guerra, pessoas que são torturadas por falar a verdade, gente que não tem acesso aos bens elementares.

Praticar o bem só nos dá saúde mental. Por que razão havemos de prejudicar o nosso semelhante? Eu sei que a maior parte de nós, diz: - Eu não prejudico ninguém!

Mas será mesmo assim? Talvez, oitenta por cento das pessoas em geral, quando é confrontada por um mendigo que pede uma esmola, não a dá. Muitas vezes, devido à repulsa da aparência desse mesmo mendigo, o que é incompreensível. Esta indiferença em relação à pobreza na nossa sociedade faz parte do conceito capitalista em que associa pobreza a marginalidade. Mas, nem sempre é assim, estar marginalizado pela sociedade não é sinónimo de ser um ser perverso. Existem muitos fatores que provocam a marginalidade. Quando não há pão para pôr na mesa da família e a assistência social não é capaz de satisfazer os pedidos de ajuda, o homem desespera, sai de si mesmo contra sua vontade, e é capaz de praticar uma loucura num ato de desespero. Portanto, as coisas não são tão lineares como parecem.

A sociedade capitalista está organizada de tal forma, que aceita como um facto consumado a situação de pobreza e vive com ela, encarando-a como normalidade.

Quem tem um teto deve dar graça a Deus, porque nos dias de hoje um teto, uma cama, e pão na mesa é uma bênção de Deus. Não devia ser assim, como diz a nossa constituição; todo o cidadão português deve ter uma vida condigna e igualdade de direitos.

Um ato de bondade nunca pode ser um sacrifício, deve ser espontâneo e de bom grado. Fazer o bem só nos dignifica como humanos e seres pensantes. A ira nunca nos leva a bom porto. Podemos não nos sentir agradados com certas atitudes no dia-a-dia, mas devemos ser pacientes e compreender que as pessoas possam estar a passar por um mal bocado e estarem a ter atitudes pouco racionais. Prejudicar o nosso semelhante é contranatura, não podemos viver com a consciência tranquila se houver maldade nas nossas atitudes.

Hoje, mais do que nunca, devemos estar de mente aberta porque a sociedade, só por si, já é egoísta. Devemos ser nós a combater a individualidade para dar melhor condição às nossas vidas. A lei da continuidade do bem-fazer deve estar sempre presente em nós. Tu ajudas um, outro vai ajudar-te e assim sucessivamente.

Normalmente, são os mais pobres que se dão mais. Existe uma explicação lógica para isso: um pobre sabe quanto lhe custa viver e por isso ajuda, enquanto um rico não sabe o que é ter pouco e ter privações, portanto, não sabe quanto custa ser pobre.

A bondade está enraizada na educação que recebemos em casa. Uma família solidária cria filhos solidários e onde existe uma família avarenta, não pode criar filhos solidários, são muito raros os casos de exceção.

Quem tem uma vida de sofrimento e convive diretamente com a pobreza é mais propenso a praticar o bem, a ser bondoso com quem o rodeia. Mas, o que mais custa é a indiferença perante gente em sofrimento de várias ordens. Isso arrasa os nossos corações, principalmente, se nos sentimos impotentes para prestar ajuda que amenize o sofrimento. Por vezes, até pode faltar só uma palavra amiga de conforto, e aí não temos desculpa para não a dar. Todos somos diferentes uns dos outros, reagimos de modo diferente para as mesmas situações, mas bondade não tem condição, é dada de forma gratuita.

Por volta dos anos noventa do século passado, havia um jovem que trabalhava nas obras que batia à minha porta a pedir de comer. Eu olhei-o nos olhos e vi um jovem humilde e de olhar doce. Logo em seguida dei-lhe uma sopa quente e pão. Vários dias passou a bater à minha porta e eu fui dando-lhe de comer. O jovem quase não falava, era educado. Eu não o conhecia de parte nenhuma, não era da minha cidade e pouco mais soube dele. Até que um dia deixou de aparecer. Ficou-me uma angústia de não saber mais sobre ele, mas cumpri a minha missão. Durante uns dias aqueci-lhe o estômago depois de dias de trabalho duro nas obras de construção civil.

Eu não sei o dia do amanhã, posso um dia precisar de uma sopa quente que me aqueça o estômago e ter de pedir a uma porta, nunca se sabe o dia do amanhã, nada está garantido. Só mesmo Deus sabe o que nos reserva neste mundo.

Só podemos estar em paz sabendo que não praticamos o mal, mas sim trabalhando para o bem comum, tornando a vida mais simples para quem vive em dificuldades. Acredito piamente na lei do retorno, está escrito nas estrelas que Deus nos dá oportunidades para mostramos a nossa bondade perante os outros.

Por de trás da porta está o desconhecido, mesmo que pensemos que podemos encontrar o desejado. É sempre uma incógnita o que está por de trás da porta. Às vezes são oportunidades, outras vezes, dificuldades acrescidas. Mas desanimar, nunca, haja sempre esperança quando temos um coração bom, pronto para dar, sem querer nada em troca.

Por vezes, penso que a vida pode vir a ser muito madrasta, mas havendo saúde é tudo o que precisamos para seguir em frente. Não invejar o alheio, já é uma alma boa, é querer o bem de todos. Desejar o mal a alguém é contranatura. Perdoarmos o que de mal nos fazem é meio caminho para encontramos paz no nosso interior.

O problema de cobiçar é enganador. Desejamos sempre o que o outro tem a mais do que nós, mas nós não precisamos do que o outro tem, precisamos daquilo que nos complete como seres humanos, que não tem de ser bens materiais. Pode muito bem ser afeto para nos levar por diante na nossa vida. Deixemos a cobiça de lado, e a inveja também, e seremos muito mais felizes.

Já quem tem muito pouco e viva na pobreza extrema, é normal que ambicione por uma vida melhor. É vulgar querermos os mesmos direitos das pessoas abastadas. Isso é normal, num estado de direito democrático. Não é justo haver pobreza, é uma tragédia do mundo capitalista e não só, países ditos socialistas, também existe muita pobreza e fome. A forma como as sociedades se constituem é que é errónea, porque para haver pobreza tem de haver quem a crie.

Neste mundo feito de injustiça que, seguramente, as há, também é natural que os povos se revoltem e por vezes de forma violenta, que também é uma consequência do desespero da falta de oportunidades, tanto laborais como sociais. A segregação racial também é um flagelo das sociedades ditas evoluídas. O sangue que corre nas veias é todo igual em qualquer parte do planeta. Portanto, haja mais fraternidade entre os homens, é isso que é preciso para tornar este lugar um espaço melhor para todos.

Existe uma certa tendência para a sátira social, mas muitas das vezes não pensamos nos danos que isso pode causar. Nem toda a gente lida bem com o maldizer, há certas sensibilidades que têm de se ter em conta. Portanto, devemos ter muito cuidado como abordamos os assuntos para não causarem danos irreparáveis a terceiros.

Agora, digam-me lá, o que custa ser simpático e dócil? Não vem mal ao mundo se agirmos nesta conformidade. Estamos sempre prontos para a crítica gratuita, mas dar a mão a quem está a sofrer já pomos dúvidas existenciais. Um coração bom só cria boas energias e traz prosperidade ao meio social.

De nada nos adianta sermos arrogantes, porque a lei do retorno encarrega-se de nos colocar no lugar certo. Quantos castelos se desmoronaram em pouco tempo, quando se pensava serem indestrutíveis. Quantas famílias se desentenderam por desavenças materiais, quando bastava cedência, de ambas as partes, para tudo se resolver pelo bem, e no bem é que está a virtude. Sejamos bondosos e o final será sempre generoso.

Se podemos ser dotados de bondade, porquê recorrer ao maldizer? Nada nos acrescenta de benefício, apenas nos traz desavenças. Enquanto uns apelam à generosidade, outros trazem-nos amarguras para as nossas vidas. Querer o mal dos nossos semelhantes é desumano, por mais injustiças que nos sejam feitas.

Como é reconfortante quando praticamos o bem. A nossa alma fica em paz com o universo, e assim, caminhamos pela verdade. Existe uma reflexão que tem de ser feita em relação à mentira. Esta está quase sempre relacionada com a maldade. Não falar verdade e enveredar pela mentira gratuita é estarmos a enganar nós próprios. Permitir que o mal se apodere de nós é muito desolador.

Podemos sempre deixar que a nossa consciência, livremente, olhe para com o nosso semelhante com olhos de bondade, e assim podemos dormir mais descansados.

Temos uma sociedade egoísta que não olha para o que se passa ao seu lado. A ascensão e queda, é do dia para a noite, e nós, devemos saber em consciência o mal que estamos a fazer para que o feitiço não se vire contra o feiticeiro. Isto foi só uma metáfora para nos lembrarmos que o mal que nós fizermos, mais tarde ou mais cedo, vai cair sobre nós. Ninguém fica impune nesta vida terrena, tudo se paga neste mundo às avessas.

Por vezes, pensamos que mal fizemos nós a Deus para a vida ser tão madrasta connosco? Certo é que, sem conhecermos a razão, caminhamos por espaços errados, e daí, advém que o mal que nos acontece é consequência de atitudes incorretas que vamos tendo pela vida fora. O que nos dizem, não quer dizer que seja uma verdade, por vezes, a mensagem que nós recebemos já vem adulterada da fonte. Talvez seja melhor não nos pronunciarmos sobre certos assuntos que desconhecemos. Devemos dar sempre o benefício da dúvida naquilo que não temos certezas. Existe muita especulação sobre notícias bombásticas, e não devemos ser nós a julgar quando não temos conhecimento dos assuntos em causa. Temos de ser leves e ponderados, e acreditar que possa haver bondade em certas atitudes mais ortodoxas.

Todos os dias nos cruzamos com excluídos da sociedade, e até somos indiferentes na sua casualidade. Mas devemos ser meigos no olhar e não ferir a sua integridade. Não, não sabemos o dia de amanhã, o amanhã é uma incógnita, podemos nos prevenir, tomar precauções para o que advier, mas será sempre uma incógnita o dia de amanhã.

Tantas vezes nos interrogamos porque me aconteceu a mim, o que fiz de errado? O tempo se encarregará de nos mostrar o que de errado fizemos.

Prevenir o futuro incerto, é bom. Mas melhor é não deitar tudo a perder. Quando somos negativistas é como uma bola de neve a rolar pela montanha abaixo. Vai crescendo à medida que vai descendo e engrossando, cada vez mais, em sentido descendente. A nossa vida, por vezes, é como a bola de neve. Quando insistimos no mesmo erro a bola de neve vai engrossando, e se não pararmos de cometer erros a bola de neve vai se tornando monstruosa e difícil de a parar. Mais vale cortar de vez com os erros, e começar uma vida nova, mais consciente e que nos leve a uma paz de espírito que tanto nos falta.

A generosidade nunca fez mal a ninguém. Há uma certa e crescente vontade de praticar o bem nas almas generosas. Como é bom sentirmos que a nossa ajuda não é em vão. Sentir a alegria no rosto de alguém que ajudamos a ter um dia melhor, é gratificante. Ninguém é perfeito, mas buscar a perfeição sem atropelos é um sentido bondoso para a nossa vida.

Por vezes, sinto que tenho algo por acabar na minha introspeção. Nunca sei quando acaba a teimosia e chega a verdadeira vontade de ceder a coisas supérfluas. Deixar entrar energias positivas, ajudando o próximo, desinteressadamente, só nos enaltece. Saber que temos gente que passa nas nossas vidas e que nos dão uma mão num momento difícil, faz-nos sorrir. Por vezes, nem nos apercebemos que estiveram a ajudar-nos. Devemos, portanto, dar o real valor às pequenas coisas que, de uma forma ou outra, nos ajudaram a seguir em frente.

Acho que nem tudo na nossa vida pode vir só por mal, existem coisas boas que devemos estimar.

Quem realmente é nosso amigo, e se preocupa connosco, quer saber se estamos bem. Não importa quanto longe estamos. Hoje, na era tecnológica, todas as distâncias são curtas, e num simples toque de um clique estamos, por vezes, intimamente perto.

A vida é tão breve que não vale a pena viver de aziúmes. Podemos tornar a nossa vida mais simples dentro das nossas limitações, é claro que nem tudo depende só da nossa bondade, mas também, de quem está em nosso redor.

Por vezes, um simples abraço, afaga-nos as angústias que parecem infinitas. Um abraço é reconfortante, é um consolo quando estamos carentes. Servir um café, bem quente, a um amigo quando recebido em nossa casa e deixando-o à sua vontade, fazendo que se sinta como em sua casa, já por si, é um ato de bondade.

Ninguém muda o mundo, mas se mudarmos o nosso mundo para melhor do coletivo já estamos a fazer uma grande mudança neste planeta azul tão amordaçado. Retiremos os açaimes e abracemo-nos como seres iguais, sem rótulos ou castas sociais. Dêmos o melhor de nós e veremos como as coisas começam a sorrir para o bem comum. Porque no fundo somos uma só espécie pensante no planeta e devemos usar a inteligência para melhorar a vida na terra e não para a destruir.

Quando virmos alguém a pedir esmola, devemos saber um pouco que vida levou essa pessoa, quais os medos e as carências. Se for por comida devemos estar prontos para ajudar. Não se nega comida a ninguém, é uma base elementar da vida na terra.

Os governos são os principais responsáveis de fome nas sociedades, porque não garantem sustentabilidade económica aos seus cidadãos. As instituições são importantes no combate às carências sociais, e todo o apoio estatal deve ser dado. Não se trata de caridade, mas sim, de dar vidas condignas a quem está a sofrer. A solidão e falta de apoio familiar também abalam a vida das pessoas marginalizadas pela sociedade e também pelas próprias famílias.

Um terno abraço a quem está em sofrimento psicológico já é uma ajuda, pode muito bem dar ânimo e força para se tentar sair da miséria. Quantos idosos estão ao abandono e entregues às suas carências de várias ordens. Quem deu muito à sociedade e depois é deixado ao esquecimento é muito atroz. Todos envelhecemos, a juventude não dura sempre, e quando vamos para idosos começamos a ver o chão a fugir-nos.

Por vezes, faço um olhar mais distante, e o que é que vejo? Pobreza, marginalização e degradação. Mas, essa distância não me impede de refletir se a médio prazo não se vai encurtar o olhar e passar ao meu lado. Aí, não sei qual vai ser a minha reação, se o olhar distante me interpela para estar no lugar dessa mesma desgraça social.

Todos trilhamos mundos diferentes, mas o sentido da vida é só um, tentarmos estar bem connosco e com quem nos rodeia.

Voltar ao início, não é o fim do mundo. Temos vida, temos saúde, então lutemos pelos desfavorecidos, mesmo que seja à nossa maneira. Há centenas de formas de podermos ajudar, cada um tem sentimentos para repartir, e uma voz amiga, sincera, pode mudar a vida de alguém.

Nas pequenas cidades também se vê gente carenciada vagueando pelas ruas. Olhares tristes de quem pensa que perdeu tudo na vida, e de quem já desistiu de lutar em comunidade. A sociedade já por si, nos tempos atuais, é egoísta. A não ser meia dúzia de pessoas altruístas que vão lutando contra a maré da indiferença.

Ser bondoso e ajudar o próximo é só uma característica que parece estar em desuso. No meio dos cifrões que anunciam os governantes para acabar com a precariedade, pouco resta de concreto. Negócios de milhares de milhões de euros, que não chegam a quem mais precisa, perdem-se em comissões, estudos e ajudas a grandes empresas e lóbis instalados na sociedade. Não sei porque será tão complicado erradicar a pobreza em Portugal. Será assim tão difícil com os chorudos apoios da Europa? A questão social e saúde pública é de extrema importância para quem não pactua com desigualdades sociais. Deixar as pessoas à sua sorte, sem apoios sólidos no combate à pobreza, é de uma atrocidade indesculpável.

No fundo, os políticos que nos têm vindo a governar são os principais responsáveis pelas desigualdades da nossa sociedade. O poder económico aliado ao poder político abre uma brecha na comunidade. A obsessão pelo lucro fácil associado a um desmantelamento dos valores éticos e sociais, levam a que as camadas mais desfavorecidas da sociedade sejam marginalizadas.

Se o bem estivesse sempre acima do mal e da indiferença, os povos seriam mais cordiais e a felicidade dos indivíduos era uma realidade. Porém, como cada indivíduo é único e com características próprias, devem ser limadas as arestas da cobiça do maldizer e do desdém pelo próximo. Cada indivíduo é um diamante em bruto e desde criança deve ser lapidado com bons conselhos sociais e de solidariedade. Só assim se poderá transformar as sociedades, porque é na infância que se começa a formar os homens e mulheres do amanhã.

Os atos de bondade estão presentes em cada sofrimento que nos abala. Quanto maior é o sofrimento de uma pessoa mais bondosa ela é. O despertar de consciências está no grau de sofrimento que daí advém.

Temos de ter consciência que as necessidades são iguais para toda a gente que carece de bens essenciais. Quando uma família não tem pão para pôr na mesa e os filhos choram de fome, é o fim de linha, e é nisto que os governantes falham, não estando no terreno para se certificarem destas tragédias sociais.

Existem milhares de famílias que trabalham arduamente apoiadas num ordenado mínimo que fica muito aquém de valores europeus, e depois se surge um contratempo no orçamento familiar, não têm um Estado que cobra impostos, para lhes valer. Uma segurança social, medíocre, que não dá apoio com dignidade à maior parte dos carenciados.

Casa, saúde, pão e trabalho são receituários essenciais para uma sociedade moderna. Não se pode dizer que somos um país evoluído, nem para lá ainda caminhamos. Com dois milhões de pobres, o que se poderá dizer?

Falta sensibilidade social ao Estado para colmatar as desigualdades. Não podemos continuar a dar tudo a uns e a outros nada. É preciso conhecer-se as verdadeiras carências sociais do nosso povo e, não andar com processos burocráticos adiando apoios urgentes. Nesta época de pandemia, onde se perdem empregos e empresas vão à falência, o Estado tem de estar mais presente do que nunca e ser amigo dos carenciados. Existem famílias a viver em pobreza extrema mesmo no centro da capital, e ajuda tarda em chegar. Segundo o presidente da república somos uns campeões no desporto, mas esse ópio do povo não ajuda a pôr pão na mesa.

Os jovens não conseguem entrar no mercado de trabalho com dignidade, não lhes valem os cursos superiores que com muito custo os pais lhes proporcionaram. Temos a geração mais qualificada de sempre, mas as oportunidades de emprego adequado não aparecem facilmente. Falta humildade aos governantes e bondade em resolver as carências económicas dos primeiros empregos que, na maior parte dos casos, são precários. Haja bom senso e vontade de praticar o bem numa bondade comum.

Existe uma crise de identidade eminente na sociedade. Os valores ancestrais caíram em desuso e nada é mais importante do que os valores materiais. Podemos com trabalho social inverter este estigma. Dar prevalência à bondade dos atos no dia-a-dia é essencial para uma harmonia social e comunitária.

O bem e o mal são indissociáveis, mas podemos sempre tender para o bem, que é isso que nos faz melhores pessoas tanto humana como espiritualmente. Lutando pelo bem comum faz de nós espíritos mais abertos a contrariedades, pondo a mão ao de leve no razoável podemos estar a caminhar para a nossa salvação como seres pensantes. Que nos vale ser arrogantes, maus fígados e constantemente a prejudicar o parceiro. A lei do retorno é certeira e nada fica por dizer ou fazer.

Tantas vezes que se pratica o mal inconscientemente, por razões que até nós desconhecemos. Trazer as pessoas maldosas para o lado da bondade pode, por vezes, parecer inglório. Mas, com paciência e espírito de sacrifício pela causa maior, conseguimos talvez inverter as situações. Não deitar por terra a esperança de se ser um ser humano melhor e todo o esforço investido na proclamação da bondade deve ser um dos nossos ideais.

Muito provavelmente estas divagações podem parecer utópicas, mas quem sabe, não tenham um fundamento plausível de mudança no comportamento do indivíduo enquanto ser sociável e humano.

Não nos revejamos por credos e crenças polémicas ao longo da história da humanidade. Parar para pensar no que está mal e tentar corrigir uma má ação, pode ser um caminho a seguir para alcançar momentos melhores enquanto seres pensantes e autocríticos, porque como sabemos, seres perfeitos na sua plenitude, não existem. Fazer troça de alguém mais vulnerável é muito triste, não nos podemos alimentar da desgraça alheia, é um erro civilizacional.

Poderá alguém sentir-se seguro quando pratica o mal? Não creio que ninguém se sinta seguro assente numa má intenção. Quando dizemos não ao mal, estamos a ser melhores humanos, melhores cidadãos, melhores pais e melhores irmãos neste planeta tão singular. Não fazer mal também se aplica à natureza e aos animais que devem viver no seu rumo natural.

A pobreza de espírito inala só por si a maldade que se rege por atos poucos dignos para com os outros. Deixar entrar a bondade nos nossos corações é uma dádiva que Deus nos propõe para a vida terrena. Viver em harmonia é o suficiente para falarmos connosco, no nosso interior e seguirmos uma consciência que é mais de meio caminho andado.

Para melhor entendermos o que é viver em paz é preciso passar pelo sofrimento e enxergar o que de mal fizemos para merecer esse tal sofrimento. Às vezes, não encontramos explicação, mas numa análise mais profunda de reflexão interior vamos encontrar sinais que explicam a nossa dor. Aos poucos, se tentarmos modificar nossos hábitos menos bondosos e reparando os nossos males, verificamos que a nossa vida começa a mudar para melhor. Pode demorar mais, mas o bem sempre prevalece sobre o mal.

Guardando a nossa bondade dentro do nosso coração e distribuindo pelos outros é tarefa que deve ser feita por todos os homens e mulheres de bem. Não criar rancor é extremamente importante para libertarmos os nossos demónios e colocarmos no purgatório todo o mal que nos possui. Não queiramos ser perfeitos porque a imperfeição está sempre presente nas nossas vidas. Temos sim, que moldar a nossa mente para tentar praticar sempre o bem, deixando o mal de fora de nossa vidas. Quando a maldade se interiorizar nas nossas mentes, devemos varrê-la para longe da vista humana.

Ser ingénuo não tem mal nenhum é só sinónimo que não temos maldade dentro de nós. Simplesmente, todos carecem de ingenuidade, porque é nesse estado de personalidade que se encontra a bondade. Quanto mais astutos mais estamos sujeitos a praticar más ações mesmo que, inconscientemente, vamos por caminhos menos dignos para com os outros. O egoísmo é uma característica de pessoas ferozes que só olham para os seus umbigos. Deixar entrar o outro, serenamente, na nossa vida, quando vêm por bem, não tem mal nenhum, só acrescenta conhecimento às nossas vidas.

Todos os dias cruzamos com pessoas desconhecidas, outras nem tanto, mas o nosso olhar fugidio e julgador é inevitável, está na nossa génese classificar o outro pela aparência e, muitas das vezes, somos induzidos em erro; o que aparenta ser, não o é como pensamos. Portanto, o ato de julgar os outros pelas aparências carece de escrutínio. Quando temos bondade na alma a extrapolar pelos poros, as aparências são secundárias, vamos mais ao diálogo, olhos nos olhos e saber os caminhos que o outro percorre e que percorreu.

Nunca pensar que somos mais do que o outro, isso é um erro crasso. Cada um tem uma história de vida para contar, que não é mais nem menos do que a nossa. Deixemos fluir os nossos sentimentos pela verdade dos nossos diálogos construtivos. Deixar que o outro conte a sua história e recordarmos que há vidas difíceis de ser interpretadas pelo nosso consciente precoce. Vamos por um trilho que pensamos ser o rumo certo, mas, às vezes, surgem atalhos que têm de ser percorridos por força das circunstâncias. O olhar diz tudo, se estamos para o bem ou para o mal. Nossas expressões faciais demonstram aquilo que estamos a sentir, se é repúdio ou bondade nos nossos atos.

Quantas ONG estão no terreno por altruísmo, existe gente que abdica de salários e vidas de conforto para levar ajuda aos carenciados e refugiados. Certo que essas pessoas transpiram bondade e colocam os interesses dos outros à frente dos seus. São exemplo para a humanidade. Mas nós, bem perto de nossas casas, também podemos ser solidários, claro que dentro das possibilidades de cada um. Podemos doar, ajudar e aconselhar os mais desfavorecidos e desamparados das oportunidades que poderão surgir nas suas vidas. Atos de bondade são tónicos para as nossas almas que, por vezes, feridas de injustiças vão deambulando na sua mortal existência.

E porque um dia a vida não será como antes, e tu vais pensar o que de errado fizeste. O universo coloca tudo no lugar, no tempo certo, e não adianta rumarmos contra o destino, porque ele está escrito em cada dia que percorres nas tuas batalhas. Sê bondoso, sê crente num mundo melhor para todos, sê sincero contigo mesmo, e a felicidade irá ao teu encontro.

Quando menos esperares, e fores transparente nas tuas ações, o universo conspirara para que tudo bata certo. Nem tudo na vida é tão linear, por vezes, temos de sentir o sofrimento alheio, para depois avaliarmos melhor as nossas atitudes perante o mundo que nos rodeia.

Tantas vezes nos sentimos injustiçados, tantas vezes queremos ir mais além, mas, não vamos, ficamos pela dúvida do que é certo ou errado. Não querendo fazer juízos de valor, existe uma pertinência constante nas nossas decisões definitivas. Porém, definitivo é o eterno descanso. Quando a vida parece caminhar para um suicídio lento, devemos pensar nas coisas que parecem ser insignificantes, e onde nos é reservada toda a complacência com o mundo. De nada nos vale ostentar riqueza, ela se desvanece a cada passo do simples ser anónimo.

Cada dia que nos purificamos dos devaneios impróprios para a nossa clarificação de seres pensantes, existe um poder que ultrapassa o nosso pensamento, mas tudo pode resumir-se a atos de bondade que nos trazem para a harmonia social. Não é fácil estar em constante estado de quase perfeição, ou mesmo impossível, mas podemos sempre caminhar para uma melhor resolução das nossas vidas.

O seio da família emocionalmente estável é o melhor conforto que podemos ter. Quantas famílias destruídas por questões materiais, quantas desavenças por poderes exteriores. Quando estivermos em paz com a nossa família, estamos entregues a Deus, para os crentes e não crentes será sempre um estado de alma que nos aperfeiçoa.

O amor, companheirismo, respeito e irmandade entre os seres, são valores preciosos que devemos manter para estar num estado de espírito tranquilo, em sintonia com o universo. Nunca esperes do outro aquilo que ele não te pode dar, todos temos limites e pedir mais do que nos podem dar é seguir numa direção que não te levará a lado nenhum. Aprender a educar e alimentar o espírito, sem depender do próximo, é fundamental para a prática da bondade e, por conseguinte, encontrar a paz interior.

Por mais que fizermos nunca vamos agradar a todos, isso é impossível, portanto, minimizar as quezílias é muito importante para vivermos em harmonia. Devemos sempre procurar estar no lugar do outro para sabermos o quanto é difícil certas situações. Antes de criticarmos quem quer que seja, devemos ponderar as suas motivações e o que as move, para depois analisarmos o que está certo ou errado. Mesmo que não cheguemos a uma situação conclusiva, deve ser dado o benefício da dúvida. Para juízos finais está Deus Omnipotente.

Nunca sabemos se a pessoa que passa ao teu lado está por bem. Desconhecemos o que vai na cabeça do outro, por vezes, existem revoltas interiores que não transparecem. Ninguém sabe o que trazemos do trabalho, de casa ou de outro sítio qualquer. Nada é evidente, mas se formos amigáveis, talvez essas frustrações não recaiam sobre nós. Um sorriso sincero cai sempre bem, quer dizer que semeamos a paz. Antes de olhar o outro, com desdém, tentem saber as suas razões de inimizades. Por vezes, é suficiente um diálogo sincero para chegar a bom porto. Caso haja renitências, a melhor forma de não criar um conflito, é esquecer e passar ao lado.

Como já disse, o bem e o mal são indissociáveis, mas temos a opção de ficar em paz e passar para o lado do bem. Aí estão as virtudes que queremos alcançar. Talvez fosse bom não deixar nada por dizer, porque assim, sabemos com o que podemos contar do outro.

Podemos ser pobres, economicamente falando, mas se temos um espírito bom, somos ricos, que nenhuma outra fortuna nos alcançará. De nada nos valerá sermos ricos se não apoiarmos os mais desfavorecidos. Os atos de bondade fazem de nós melhores pessoas, pois, quando nascemos não temos rótulos de pobreza ou de riqueza, somos únicos, somos simplesmente seres que nascemos para viver com dignidade.

O amor não é só luxúria, erotismo, vai muito mais além dos destinos carnais. Amor é ser bondoso, honesto, ajudar o próximo, estar sempre pronto para levantar alguém do chão. Amor é sempre o maior desígnio de cada homem ou mulher. Quantas vezes os animais nos dão provas de carinho e afeto. Está intrinsecamente nas estrelas que o amor é universal. A bondade está inteiramente ligada ao amor que damos ao nosso semelhante.

Gente sensível sofre quando vê injustiças, quando vê o sofrimento alheio. Gente sensível pratica a bondade, sabe-se colocar no lugar do outro e ver o quanto a dor aflige. A bondade é um estado de alma que nem todos assumem com honestidade. Ser bondoso é sentir, é entranhar-se no sofrimento do outro. Tantas vezes pedimos ajuda a Deus, quando esta está nos nossos atos de bondade. Deus oferece-nos as ferramentas, apenas devemos aprender a trabalhar com elas. Nunca devemos deixar de dar a mão a quem nos pede ajuda, mesmo que para isso signifique fazermos sacrifícios que não estamos à espera. Somos seres pensantes, por isso, temos o dever de pensar bem.

Temos de ser fortes para com a maldade que nos apoquenta, temos de ser afetuosos num espírito de bondade, deixar que energias boas entrem em nossas almas. Como podemos viver com o mal dos outros? Não é justo, nem para nós, nem para ninguém. Maldade traz mal presságio.

Não é compreensível porque continuamente se acredita que somos superiores aos mais frágeis, denegrir quem está na mó de baixo, é inaceitável. Eventualmente, chegará o dia que somos nós mesmos a ser humilhados, e aí, não vamos gostar. A lei do retorno é implacável. Portanto, vamos aperfeiçoando o nosso ego num cariz de bondade, para que quando chegue a nossa vez, pensemos como Jesus Cristo: «Pai, perdoa-lhes; porque não sabem o que fazem».

Há medida que caminhamos para mais velhos, mais sensíveis, perante a maior parte das situações delicadas. A ira esmorece, e a leveza das nossas atitudes vem ao de cima. Não devemos subestimar os anciãos, eles têm a sabedoria da vida, pela qual nós ainda não passamos. A serenidade de uma pessoa idosa, normalmente, transporta uma bondade infinita. Deixemos a vida nos ensinar o que é realmente a bondade da nossa existência. Convivemos mal com a crueldade, é normal, e até talvez seja uma forma para vermos o lado bom da vida. Viver em harmonia com os outros é a tarefa primordial a que nos devemos propor, mesmo que para isso tenhamos de fazer certos sacrifícios. O resultado da prática da bondade é sempre mais gratificante do que qualquer outra coisa.

Perdoar não é sinónimo de fraqueza, mas sim, de uma certa forma, um ato de altruísmo. A desumanidade tem sempre uma razão por de trás, que muitas vezes não nos apercebemos, e é preciso esmiuçar toda a questão para saber onde estão as razões de certas atitudes menos dignas.

É importante dar o benefício da dúvida, quando não temos a certeza do mal a que estamos sujeitos. Mais vale passar ao lado de um conflito, que não nos diz respeito. Haverá sempre alguém para resolver o problema, já que não somos nós os intervenientes.

Não andamos aqui para mudar o mundo, primeiro temos de converter o nosso mundo interior, e só depois de resolver o nosso interior veremos que o mundo se modifica aos nossos olhos. Existe gente que dedica grande parte da sua vida aos mais desfavorecidos, desposados de condições mais básicas, levam uma vida no meio da pobreza, esses são os verdadeiros anjos da sociedade. Eu sei que são poucos, mas fazem toda a diferença.

É curioso que, quem mais ajuda, é quem tem menos posses, e há uma razão para isso; por saberem quanto custa ser pobre, por vivenciarem isso mesmo, querem ajudar o próximo, são solidários. Os ricos e abastados, vivem numa bolha de egoísmo, querem sempre mais, e não suportam a situação de lhes ser retirado uns míseros euros. A solidariedade está nas classes menos favorecidas, aí está a verdadeira forma de bondade, mais genuína.

O silêncio, por vezes, até assusta, não sabemos o que poderá vir dum homem silencioso. Mas o olhar pode dizer muita coisa, e aí, podemos decifrar o que lhe vai numa expressão facial. O silêncio pode ser ruidoso quando murmúrios silenciosos atravessam as nossas almas.

Incentivar ao ódio só pode vir de alguém que está de mal com a sua vida e que, na maior parte das vezes, está relacionado com problemas mal resolvidos que extrapolam para uma raiva para com o próximo que não leva a lado nenhum, mas sim, a uma decadência do ser humano. O ódio e a bondade são obviamente antagónicos, e, por vezes, a pessoa bondosa é sacrificada perante a fúria colateral de quem incentiva ao ódio. Se recuarmos ao tempo de Jesus Cristo sabemos como o ódio perante um ser que praticava a bondade e a paz entre os homens, o levou a ser sacrificado cruelmente. O homem é um poço de surpresas, umas boas, outras, incrivelmente, más.

Verdade, também seja dita, que existe muita gente bondosa por este mundo. Gente altruísta que abdica da sua zona de conforto para praticar o bem. Apesar de não serem muitos, são esses que nos deviam governar, talvez assim o mundo fosse mais justo e harmonioso.

As mulheres tendem a ser muito mais carinhosas, e afetas da bondade do que os homens. São mais sensíveis às injustiças, porque no fundo elas também foram sempre discriminadas e humilhadas pelo poder masculino. Estaríamos muito mais bem entregues se as nações mais poderosas do mundo fossem governadas por mulheres. Basta ver nos países governados por mulheres, essas sociedades evoluem em todos os aspetos para uma democracia plena, sem atrocidades, salvo raras exceções muito pontuais. A perpetuação dos homens à frente das nações poderosas, só trouxe guerras, massacres étnicos, etc.

A bondade é muito desigual entre homem e mulher, e a luta pela igualdade de género está hoje na ordem do debate político, mas, normalmente, quem traz à *"baila"* o assunto são mulheres que estão na política, porque os homens não levam isso muito a sério, porque têm medo de perderem o poder para o sexo feminino.

Se formos a ver bem, o elo mais forte é, sem margem para dúvidas, a mulher; ela carrega filhos no ventre durante nove meses, educa-os até à fase adulta, e na realidade quem tem uma mãe tem tudo. Na generalidade, a mulher é o centro do mundo que os homens encobrem com a sua arrogância de macho dominador. Atrevo-me a fazer uma comparação do bem e do mal, entre mulher e homem, assim dita a história da humanidade. O homem, guerreiro, vai destruindo sociedades que as mulheres tentaram aperfeiçoar com a sua sensibilidade feminina, querendo só paz e amor. Não vale a pena falar das exceções de mulheres feministas porque essas só lutam por um direito que lhes assiste.

A condição feminina foi só um pequeno aparte para falar do dom da bondade no ser humano, é claro que também existem homens bons, que também lutam pelo direito da igualdade de género. Como eu gostava de poder dizer que a bondade está em todo o lado. Quando alguém se quer impor no meio social, normalmente, impõem-se pela arrogância e humilhação do seu adversário, nunca por atos altruístas e de bendizer.

Quantas vezes, teremos nós de implorar para não sermos aquilo que nos faz mal? Toda a condição humana está retida numa imensidão de "sês" que geralmente não se transformam em atos de bondade. Regularmente, são conveniências que nos movem, sem muitas vezes, olharmos aos danos colaterais dessas mesmas conveniências. Um simples olhar pode dizer muito para quem está atento às atrocidades da sociedade. O homem anda sempre em busca. Não sei ao certo de quê, a não ser de estrelato e fortuna. Bem! Eu sei que existem homens bons, de ínfimo bondoso, mas são tão poucos. Meu Deus!

Quanto sofrimento corre pelo mundo fora em águas turbulentas que desaguam em mares desiguais. Gostava de ter saúde para levar uma nova vida, mas já não me parece possível. Tenho as consequências que o destino me obriga a assumir. Recordo meu pai apontando para o topo da parede do meu quarto e dizer: - Filho, ali está escrito que já tens trinta anos!

E eu, triste, a pensar que não era capaz de dar a volta à minha vida, de tantos trambolhões que dera. Meus pais tinham uma visão muito à frente e eu, nem sempre via isso, não queria ver, estava no meu mundo de ingenuidade, não queria crescer, queria um protetor para toda a vida.

Não se pode durar uma vida inteira sem querer ver a malvadez que se cruza connosco. Porque ela existe a cada passo que damos! Trazer as pessoas para o bem, para a harmonia e paz é deveras inglório. Parece um sonho muito romântico, esta apologia da bondade, mas sem esse estado de alma, nunca teremos descanso e, por vezes, o nosso ritmo cardíaco não aguenta mais, de tanto stresse e intrigas vividas.

Vivendo no manto da bondade, todos os rios desaguam num oceano sereno onde as tempestades não têm lugar, e assim, navegaremos até ao descanso eterno, sem medo da morte. Se alguém nos disser que estamos no caminho errado, só pode ser gente ignorante, e a esses devemos dizer que nós só estamos aqui para praticar o bem, porque o bem é a salvação da humanidade. Então, nunca é tarde para praticar o bem.

Deixar que a bondade nos conduza, apenas ela nos salva da intolerância, da arrogância que o mal nos traz. Quando alguém, matreiramente te quiser levar ao engano, pensa bem, olha à tua volta, e reflete o que está bem e o que está mal. Se tu estás de consciência tranquila, então, estás no caminho da bondade, estás no caminho de ajudar a trazer os perversos para o único lugar que devia existir, o lado dos bons, onde reina a bondade.

Muitas vezes pensei o porquê de tanta malvadez em certas pessoas. Eu sei que a sociedade global, hollywoodesca incentivou as pessoas para a violência, é assim todos os dias, violência e terror, é isso que a cinematografia nos dias de hoje nos incute no grande e pequeno ecrã. O mundo não tem de ser violento, pode muito bem ser um mundo de harmonia e paz, onde os cidadãos confraternizam alegremente. Ser bondoso é estar no caminho certo, é aceitar o mais frágil de bom agrado, ajudar os desfavorecidos, os excluídos, as vítimas de abusos macabros a que esta sociedade descaracterizada nos sujeita. Vamos deixar para trás aquilo que nos faz mal, aquilo que derrete de amargura as nossas almas. Se um dia te apontarem o dedo pelo bem que vais fazendo, dá-te como feliz, porque esse é o caminho da salvação terrena.

Meu pai era um homem bom, até dava aquilo que não tinha. Faleceu sem nada, mas deixou-me um testemunho que vale toda a riqueza do mundo; o amor ao próximo.

Quando ele, nos meus trinta anos, me apontou para o topo da parede do meu quarto e disse que já tinha trinta anos, era altura de olhar para a vida, foi o sinal que eu tinha de mudar o meu conceito de vida e pouco mais tarde, eu vi o quanto ele tinha razão. Fiz uma revolução na minha vida, lutei contra as injustiças, contra a corrupção. Muitas vezes, saí mal na fotografia por não ser compreendido, mas, pelo menos, estava de consciência tranquila. É claro que também falhei, muitas vezes; errar é humano, mas não é humano manter o erro indefinidamente.

Todos pensamos que temos sempre razão, mas não é assim, às vezes, erramos e saber pedir desculpa pelos nossos erros já é um passo para um mundo de bondade.

Jesus Cristo estava certo, é preciso perdoar quem cegamente não sabe o que faz. Saber perdoar é para todos. O ato de perdoar é sinónimo de bondade, todos nós devemos ter oportunidades para nos redimirmos. Todo o homem é único, e a bondade é universal.

Por vezes, estamos em vazios emocionais, parados no meio da ponte, sem decidirmos se seguimos em frente ou se voltamos para trás. Tudo tem riscos, seguir em frente é a solução, porque para trás já sabemos de onde viemos. Se conscientes, seguirmos em frente, os riscos serão menores desde que com honestidade, façamos o nosso caminho. Eu sei que existe gente cruel que se vai atravessar no nosso percurso, mas podemos sempre tentar contornar a ruindade e a insanidade e trazê-la para o lugar da bondade que impera em nós.

Quando te tentarem humilhar gratuitamente, e, reafirmo, a humilhação é sempre atroz e gratuita, remete-te ao silêncio que é o melhor conselheiro. Sorri para a crueldade, mostra que estás feliz sendo bondoso, e os cruéis senhores da maldade sentir-se-ão impotentes de não te conseguirem demover do teu estado de bondade. Perdoa a ignorância, e tenta mostrar a beleza que há em teu ser bondoso.

É muito comum, entrarmos num café onde está muita gente conhecida, e uns e outros *"cortam na casaca"* no próximo que entra, é ainda mais acentuado quando tu até és popular por várias razões, aí, a troça é mais feroz. A melhor forma de combater a frustração de maldosos é remeteres-te ao silêncio, fazeres o que tens a fazer, mostrares-te bem-disposto e irradiares bondade sobre todos aqueles que te tentam perturbar. É golpe fatal, e, então, acalmam e desistem por não conseguirem mover-te da tua serenidade. A vida em sociedade tem de tudo, uns bons, outros menos bons. Mas saber reagir a situações, está nas tuas mãos. És tu quem decide. Podes sempre partilhar a tua bondade entre os homens, é sempre de louvar ser bondoso para com o nosso semelhante. O rancor não é bom conselheiro, e nós podemos sempre combater a ignorância, instruindo os menos atentos do mal que podem infringir aos mais frágeis.

Um dia, inspirado por uma vivência, escrevi este pequeno conto que partilho convosco. São momentos, em estados de alma, que surgem no desenrolar do dia-a-dia.

"Quantos caminhos levam ao teu propósito? – Não sei, ainda estou a caminhar e a pensar qual será o meu propósito.

Ensina-me o teu caminho! – Não há caminho para te ensinar, cada um percorre o que a sua consciência dita.

E não tens medo de te perder? – Não, à medida que me perco vou aprendendo a encontrar-me.

Que fazes tu para estares tão seguro de ti? - Meu amigo! Só Deus sabe das minhas certezas. Enquanto percorro o meu caminho, tu e muita gente vão-me ensinando aquilo em que não me quero tornar.

NB: Assim falava o louco ao curioso."

Por vezes, conhecemos pessoas que só pensam em denegrir, existe maldade nos seus ínfimos, então devemos ser suficientemente inteligentes para dar a volta e saber contornar esses atos de maleficência. E como se combate isso? Combate-se com bondade, fazendo com que o mau passe para o lado do bom. Porque a maldade, por vezes, é inconsciente e fazendo ver o lado bom das coisas, pode muito bem a pessoa amarga ganhar consciência do mal que provoca, e num ato de contrição passar a ser uma pessoa de bem. Nem sempre é fácil, mas com resiliência, consegue-se.

O caminho a seguir neste mundo de tanta injustiça, é o do bem, porque só com bondade podemos conseguir um lugar melhor para viver. Tantas vezes que somos agressivos, inutilmente, quando podíamos estar a ser bondosos para com os nossos entes queridos e somos arrogantes e mal-agradecidos. O arrependimento, já por si, torna-nos melhores pessoas, evoluímos para seres bondosos. Lembrem-se que o bem é a nossa salvação neste mundo de contrariedades. Eu sei que uma pessoa não muda o mundo, mas pode mudar o mundo em seu redor. Em pequenos gestos carinhosos somos capazes de dar alegria e felicidade a quem está perto de nós.

Não sei se estamos a evoluir como espécie humana. Por vezes, mais parece um retrocesso civilizacional. Em lugar de melhorarmos o mundo, enveredamos por discursos de ódio, violência e onde a intolerância é o pão de cada dia. Temos de serenar, refletir antes de decidir tomar medidas mais drásticas.

Neste mundo de vigilância global a nossa privacidade é violada a toda a hora. Nem sempre podemos dizer o que pensamos sem que haja censura ao nosso lado. Se somos bondosos, dizem que somos uns fracos, uns impotentes para com as incertezas. O homem não é perfeito, existem muitas imperfeições na sua atitude, mas, devemos sempre pensar que fazer o bem será a melhor das nossas ações para com a sociedade.

Podemos evoluir para uma sociedade mais harmoniosa onde a bondade impera em todas as atitudes de decisão. Mas também sabemos que os políticos não ajudam muito para essa consistência. Guerreiam-se todos os dias, fazem promiscuidade quando é para valer interesses partidários, e o povo vê a caravana política a passar, impávido e sereno.

O mundo da política está infestado de iniquidades, o bem não prevalece sobre o mal, é nisto que a sociedade tem de intervir. Fazer ver aos representantes que o bem deve estar acima de interesses políticos.

As interações entre as pessoas têm de ter uma base de confiança mútua, não podemos partir para uma relação interpessoal com base na desconfiança. Temos de acreditar que as pessoas estão ali por bem. Só praticando o bem podemos ter em troca bondade por parte do outro. Só assim a harmonia reina na sociedade.

Por vezes, a bondade vem de quem menos esperamos. Quando se conhece vagamente uma pessoa devemos dar o benefício da dúvida, e o que parece, às vezes, não o é.

Frequentemente, essas pessoas, por natureza da sua educação, não nos transmitem boas vibrações. Mas, apesar de as estigmatizarmos, muitas vezes, inconscientemente, a sua bondade acaba por se refletir em nós. É claro que quando se trata de uma pessoa arrogante nas suas atitudes, não podemos esperar grandes atos de bondade, mas aquelas que na sua forma genuína, força de vidas sofridas e de pobreza extrema, encontramos atitudes louváveis que nos fazem pensar que são gente de bem, independentemente da sua condição social.

Na nossa rotina diária, encontramos gente para tudo, para nos menosprezar, para nos encaminhar para bons caminhos e até indiferentes à nossa condição de seres humanos. O que causa mais perplexidade é a indiferença com que somos tratados no dia-a-dia. Muitas vezes, vemos gente deitada na rua, e nada se faz para ver o que se está a passar. Passamos ao lado, numa indiferença que causa grande tristeza aos olhos de quem se presta de imediato para deitar socorro a essa pessoa. Somos egoístas, mas não creio que seja por natureza humana, é mais porque a sociedade nos tornou assim.

Viver uma vida em função de auxílio ao próximo está na natureza de muita gente, e essas pessoas são, a meu ver, as que deviam estar nos órgãos do poder político. Pessoas altruístas deviam ser os verdadeiros políticos dos países. Talvez assim as sociedades fossem mais justas. Agora, ser governado por "vaidosos" que só ostentam as suas leviandades para com o povo!

Pessoas solidárias são precisas para o destino deste mundo impiedoso, gente que sofre com o sofrimento alheio, gente que tira à sua própria boca para dar a quem tem fome. Isso sim, é gente de cariz bondoso, gente de bem que luta contra a maldade neste mundo cruel.

Obter consenso, por vezes, não é fácil. Temos sempre alguém a contrariar quem luta pela igualdade e bem comum. É gente que está mal com a vida, que não se satisfaz com o razoável. Gente que se contradiz por um motivo fútil. Podíamos ser uma sociedade mais coerente, onde a paz reinasse todos os dias, mas o homem é inseguro nas suas ideias e crenças. Sente-se bem humilhando, fortalece-lhe o ego sujo de sentimentos. Quando a vida não corre de feição, tenta avaliar e criticar o bem que os outros fazem, pondo em causa a bondade do próximo.

Politicamente falando, a ideologia da solidariedade podia estar na dialética socialista como forma mais coerente de vivermos em sociedade. Mas, a história deixou-nos uma memória muito ruim do socialismo do princípio do século XX, grandes atrocidades foram praticadas em nome do socialismo. Portanto, no meu ponto de vista, a social-democracia no seu estado puro, talvez seja a melhor forma de se viver em sociedade. Eu sei que é complexo falar de ideais políticos, mas o homem já na sua génese é um animal político. Quase tudo na sociedade tem que ver com política, porque no fundo política é a astúcia do homem. Ele é astuto na sua forma de viver, traz consigo pensamentos quer bons quer maus. E, como sabemos, cada um é único na sua forma de pensar e agir.

Talvez seja idílico, mas gostava de ver a sociedade humana entender-se quanto à forma de tratar o seu semelhante. Sem maldade e entrar pelo caminho da verdade. Porque só na verdade e honestidade é que podemos evoluir como humanidade. Deixar os preconceitos raciais e xenófobos extinguirem-se como coisas do passado que não queremos repetir no presente. O homem caucasiano não pode pensar que é uma raça superior, porque no fundo só existe uma raça, a humana.

As novas gerações do século XXI, talvez sejam as que mais estão a sofrer com o preconceito e desigualdades sociais. Nasceram com as novas tecnologias onde tudo é mais rápido, fazem-se coisas sem pensar nas consequências. É muito fácil nos dias de hoje maltratar alguém sem ser confrontado fisicamente. A internet e redes sociais provocam todo o tipo de atrocidades psicológicas.

Hoje ter um curso superior não é sinónimo de um bom emprego estável, os jovens têm de cavalgar por meio de caixas de supermercados e empregos indiferenciados para começarem as suas vidas profissionais. O mundo para os jovens é violento, e este mesmo mundo torna os jovens, também violentos. Por alguma razão a taxa de suicídio nos adolescentes tem subido consideravelmente.

Os adolescentes de hoje são muito sensíveis, captam as sensações com uma rapidez estonteante. Aquilo que um adulto demora meia hora a interiorizar, o adolescente, em minutos, capta as sensações e interioriza com muito mais facilidade. Não é por acaso que questões como a ecologia e alterações climáticas têm nos jovens maior número de adeptos.

Também podemos falar dos anciões, e de toda a sabedoria das suas experiências de vida. São esses que mais devemos estimar, são esses que deixam o nosso legado na terra para as gerações futuras. Salvo raras exceções, os idosos têm uma bondade nata nas suas ações. Sabem muito bem quanto lhes custou a vida, as angústias por que passaram, os tormentos que não procuraram e que lhes foram infringidos. Preservar a velhice é um dever e obrigação de qualquer sociedade minimamente justa. Mas Portugal não serve de exemplo nos cuidados das vidas dos idosos. Estão ao abandono, muitos deles, principalmente no interior do país, fora dos centros urbanos. Vivem de reformas de miséria. Será isto o Estado Social português, não creio.

O Estado deve ser o primeiro elemento da sociedade a dar o exemplo de prática do bem. Se queremos uma sociedade harmoniosa, devemos exigir do Estado que nos trate como seres humanos com dignidade. Os primeiros a defender, pelo Estado, são os desprotegidos, marginalizados e gente com grande carência económica. Sem isso não existe Estado de Direito, como defende a Constituição.

De nada nos vale as palavras bonitas, se as ações não são proporcionais a essa beleza.

Por mais que queiramos acreditar nos nossos políticos, os seus exemplos de cidadania deixam muito a desejar nas suas ações. Portanto, não é de admirar que muita gente ache que a política é suja. Quando os políticos derem o exemplo de solidariedade ao mais comum do cidadão, aí, caminhamos para uma sociedade mais justa. Esse seria o sinal de bondade que tanto nos faz falta.

A luta pelo poder das várias fações e quadrantes políticos é de lastimar, pois, cada partido só pensa no seu umbigo. Obter poder para depois praticar ideologias em que são crentes. Mas, acima de tudo, tem de haver um sentido de prática de bondade, mas para todos, não só para alguns. A nossa sociedade é um todo e os direitos devem ser iguais para todos, ninguém deve ser discriminado por ter uma ideologia e forma de pensar diferente de quem está no poder. Todos somos diferentes entre as igualdades, mas a bondade cabe em todo o lado, é universal.

Devemos fazer um caminho sábio, onde impera a bondade entre os homens e mulheres. Quanto mais fizermos bem, mais nos sentiremos felizes connosco. É importante não criar rancor, não leva a lado nenhum, só mesmo a desavenças que nos corroem a alma. Vamos proclamar a paz no nosso núcleo de amigos, e daí passar para a sociedade, o bem comum.

Eu sei que não somos perfeitos, mas devemos combater as nossas imperfeições. Quando estamos sós, é uma boa altura para refletir sobre as atitudes que temos vindo a tomar, e, sem preconceito, aceitar as nossas imperfeições como uma das coisas naturais que deve ser reparada.

A felicidade que todos procuram, está nos pequenos gestos do dia-a-dia, em que, docilmente, praticamos gestos de bondade. Ser feliz é fazer os outros felizes, é estar de bem com o mundo, mesmo que ele nos traia nos nossos intentos. Podemos sempre combater as adversidades com convicção das nossas atitudes. Um bom caminho para sermos bondosos é sermos honestos. A honestidade é irmã de sangue da bondade.

A sociedade moderna está intolerante, tem de se ter muito cuidado com o que dizemos ou fazemos. Temos sempre uma voz inquisitória para nos humilhar. Ninguém aceita um erro, como se isso, não fosse normal na condição humana. Nós aprendemos com os erros, melhoramos o nosso estar na sociedade, corrigindo os nossos erros. Quase sempre são erros involuntários, não pensados. Há que saber perdoar, também é um ato de bondade. Ao perdoar estamos a dar uma oportunidade para nos tornarmos melhores.

Devemos olhar o mundo como um centro de oportunidades para sermos felizes. Independentemente do desequilibro de certas comunidades, temos sempre um canto para nos afirmarmos como seres militantes da bondade.

Passar ao lado dos conflitos é meio caminho para a nossa libertação como seres do bem. É na educação da infância que se molda futuros cidadãos bondosos. Quando a infância e adolescência é negligenciada, certamente levará a maus hábitos e comportamentos menos dignos socialmente. Ao respeitar a natureza e os animais, estamos a criar bons adultos, bons seres sociais.

Segundo o escritor moçambicano Mia Couto:

"Que deve sentir vergonha não é o pobre, mas sim quem cria pobreza."

Atualmente ser bondoso é ser "banana", é não ser "chico-esperto" que é o que está a dar na sociedade. A situação começa a ser de tal forma usual, que o egoísmo tem vindo a proliferar e as pessoas não querem saber se o outro ao seu lado, está em sofrimento. De nada nos custa termos uma palavra amiga, um conforto de alma para quem está em sofrimento.

Ignoramos a pobreza como se fosse uma coisa normalíssima. Talvez por isso, a sociedade aceita naturalmente que haja sem-abrigo, gente a viver na rua nas sociedades ditas evoluídas. A dignidade humana é um estado que devia ser inviolável. Mas não, assistimos a um desprezo pela pobreza como se fosse uma doença contagiante. Enquanto se gastam triliões de dólares em armamento bélico vão-se destruindo famílias, matando-se a meninice de crianças que ficam órfãs, vítimas da crueldade dos homens poderosos que não olham a meios para obter fins.

No fundo, como todos sabemos, anda meio mundo a enganar outro meio. E não vejo modo de isto se alterar. Às grandes potências mundiais, pouco lhes interessa, se em África morre gente à fome. A exploração dos recursos naturais nos países pobres continua a ser um facto, multinacionais exploram crianças no Bangladesh, sem que a comunidade internacional acabe com esse flagelo. E nós, ocidentais, vestimos roupas e bens da exploração de crianças, sem quaisquer remorsos.

Todos sabemos disso, mas os responsáveis políticos que são, na verdade, quem têm decisões nessa matéria, assobiam para o lado. Ostentam-se em carros topo de gama, grandes negociatas e o povo sofredor que se lixe. Felizmente, ainda há alguns políticos que não pactuam com ostentações, mas são muito poucos.

Acredito que está na altura de erradicar a pobreza no mundo para termos um planeta mais humanista. Não custa nada, é fácil, basta que os decisores mundiais tomem medidas concretas. Não é admissível que a maior parte da riqueza mundial esteja na mão de meia dúzias de pessoas, é cruelmente injusto. Se o socialismo não fosse utópico, talvez fosse a melhor forma de governar as nações, mas a história provou-nos que não é assim, infelizmente, o poder sobe à cabeça dos governantes e esquecem o povo trabalhador. A riqueza mundial está muito mal distribuída, isso é um facto inegável. Mas podia-se construir um mundo baseado na solidariedade e bondade entre os povos.

Muitas vezes ouvimos dizer: - Aquele "gajo" não tem onde cair morto!

É de uma atrocidade e de uma arrogância inqualificável. Que sabemos nós do dia do amanhã? Amanhã, podemos ser nós a estar sem buraco para nos metermos, nada é definitivo, além da morte. Como sabemos, a vida dá muitas voltas, hoje estamos bem, amanhã podemos estar a pedir caridade. Grandes fortunas já se eclipsaram de um dia para outro. Não é preciso ir muito longe para saber que um vigarista, mais tarde ou mais cedo, é traído pelo destino. O mal não prevalece indefinidamente, enquanto o bem pode preponderar por séculos, basta haver vontade solidária para isso.

Fazer o bem é gratuito e não nos diminui. Ficamos mais humanos quando praticamos o bem. Existe uma aura de bondade quando ajudamos quem está numa situação aflitiva. Só nos engrandece, ajudar o próximo. Ao ajudar o nosso semelhante, só ganhamos com isso e fazemos os outros mais felizes.

Eu sei que este mundo é uma competição desmedida. Mas se estivermos de consciência tranquila, podemos fazer mais e melhor, por quem está a passar por dificuldades. O mundo tem de ser solidário, só assim, acabamos com a miséria social. Se nos ajudarmos uns aos outros, a vida torna-se mais agradável e mais fácil de enfrentar os desafios.

Hoje, olhamos para os famosos da TV show, como exemplos a seguir, mas nem tudo o que os media nos mostram corresponde a uma realidade comum. Muitas das estrelas são fabricadas nos bastidores, seguindo estereótipos do politicamente correto da sociedade de consumo. Depois surgem os escândalos sexuais, financeiros, corrupção, etc., e aquilo que nos pareceu perfeito, não foi mais do que uma fraude de imagem pública.

O ser perfeito está na pobreza que detém, na simplicidade e humildade que brota da sua existência. Sempre são as pessoas mais pobres as mais solidárias. E então, porquê?

Mais uma vez, reafirmo, porque sabem, melhor do que ninguém, o que é passar necessidades, sabem muito bem o quanto custa chegar a casa e faltar tudo, terem os filhos a chorar, com fome. Usualmente, o rico quando tem um pão não o partilha pela metade, vai comprar um pão, não se dá à dignidade e ao amor da partilha do absoluto.

Quantas vezes o homem bom é humilhado pelo arrogante, quantas vezes o pobre é rejeitado na sociedade materialista. Esta mesma, sociedade materialista, olha aos bens que possuís, não olha a um coração em sofrimento. A moralidade não cabe na sociedade de consumo. A sociedade capitalista criou as desigualdades, a inveja, o maldizer e tantas coisas que não cabe numa sociedade, justa e bondosa.

O amor tem de estar em tudo o que fazemos, cada passo que dermos tem de ser com bondade, acima de tudo, porque só assim seremos felizes e faremos os outros felizes.

Temos de chegar ao fim das nossas vidas e podermos dizer que valeu a pena ter vivido, e que não fiquem dúvidas que nada ficou por fazer em prol da humanidade. O nosso legado é aquilo que com bondade criamos na sociedade.

Todos temos um caminho a percorrer, e esse caminho que seja com alegria de viver, mesmo com poucos recursos, se houver vontade podemos fazer muito. Quantos com mesas fartas não fazem nada de palpável para o bem comum, quantos com parcos recursos movem montanhas. Haja vontade de ser uma pessoa de bem, não interessa o grau de cultura que a pessoa tem, interessa sim, o sentimento que põe nas coisas que faz.

"Mais sábios que os homens são os pássaros. Enfrentam as tempestades noturnas, tombam de seus ninhos, sofrem perdas, dilaceram suas histórias. Pela manhã, têm todos os motivos para se entristecer e reclamar, mas cantam agradecendo a Deus por mais um dia. E vocês, portadores de nobre inteligência, que fazem com suas perdas?"

Augusto Cury

Se soubermos ouvir os cantos da natureza, podemos melhorar a nossa condição de humanos. Podemos e devemos melhorar a nossa sapiens. Como seres inteligentes, devemos interiorizar os ensinamentos do reino animal, que está sujeito a todos os tipos de intempéries, e nunca desistem de se superarem. Respeitar a natureza é respeitar a nossa existência, é viver num harmónio de gratidão. Quando nos levantamos pela manhã, não podemos acordar com a derrota de mais um dia. É preciso que sejamos fortes o suficiente para nos alegrarmos que um novo dia é mais uma dádiva de Deus, e em alegria devemo-nos lembrar que podemos fazer um dia melhor para nós e para os outros que nos rodeiam.

"A vida é curta, mas as emoções que podemos deixar duram uma eternidade."

Clarice Lispector

Realmente a vida é curta, e quanto mais solidária for, mais tranquila é a passagem para o Além. Vivemos atarefados com coisas supérfluas, quando nos devíamos concentrar no essencial. Paz, amor e fraternidade, são elementos fulcrais para viver em harmonia na sociedade. De nada vale, as quezílias infundadas que qualquer coisa que não gostamos, fazemos um problema sério. Tem de haver tolerância com as ações do nosso semelhante. Reter o que de bom as pessoas têm e passar à frente as coisas más, não interiorizar o negativo das coisas menos boas. Enfrentar a vida com alegria e convicção que cada dia que nasce vai ser melhor para todos. No fundo, somos uma aldeia global onde os sentimentos se equiparam nas várias culturas. Só deseja o conflito, quem está de mal consigo mesmo, e não consegue ultrapassar as contrariedades da vida.

Que custa a nós encaminhar um cego, ou então levantar quem cai no chão. Muitas das vezes, ignoramos o nosso semelhante, principalmente, quando ele está na mó de baixo. É muito atroz recusar um pedido de ajuda. Quando ignoramos um pedido de ajuda estamos a destruir a nossa inteligência e a maltratar o bem-comum. Devemos estar sempre prontos para ajudar os mais frágeis, para que caminhem ao nosso lado na faina da vida. É um descanso de alma ajudar o próximo. Libertamo-nos do egoísmo que corrói as mentes humanas. Nesta caminhada para o descanso eterno, temos de saber que os nossos bens materiais ficam todos na terra, só levamos os nossos sentimentos e um espírito leve de preconceitos.

Quando muita gente ambiciona pelo estrelato, outros, longe disso, ambicionam por uma vida condigna na sua plenitude de direito e deveres constitucionais. Há gente que só quer viver uma vida feliz, longe de contrariedades. Constituir uma família, um emprego digno e viver em paz é o que muita gente quer alcançar neste mundo que impera por desigualdades sociais. Pouco importa quanto o outro é rico, desde que a sua riqueza, não tenha como resultado a pobreza de outro. Mas, infelizmente, para criar riqueza numa sociedade capitalista implica o lucro, e o lucro obtém-se com a exploração do trabalhador. Geralmente, são os baixos salários praticados nas empresas que se obtém o lucro. O rendimento do trabalhador nunca é pago com justiça.

Quando existe exploração do homem pelo homem, é a maldade que está a ganhar, e não a justiça e a bondade de fazer o outro feliz. Quantas empresas não usam o fator sustentabilidade para despedir trabalhadores, levando para a pobreza gente inocente. Pode-se dizer que as grandes empresas multinacionais são fontes de atrocidades sociais, que exploram trabalhadores precários para obterem lucros fabulosos. A exploração infantil nas fábricas têxteis do Bangladesh é a grande prova da maleficência das empresas ocidentais, sem rosto humano.

É inadmissível e é cruelmente desumano colocar crianças a trabalhar, como se de adultos se tratassem. Castra-se a infância só com o único intuito de arranjar mão-de-obra barata. Num ato altruísta, os homens mais ricos do mundo deveriam ter a obrigação de erradicar a pobreza no mundo. Só assim ver-se-ia que estávamos a caminhar para um mundo melhor, um mundo de bondade, onde os povos viveriam felizes. Infelizmente, a raça humana não é toda igual nos seus conceitos de viver a vida em sociedade. A obsessão pelos bens materiais, a ostentação da riqueza faz dessas pessoas agentes da crueldade. O homem bom é sistematicamente humilhado no seu quotidiano, principalmente, pelos poderosos que na sua insensibilidade social e humana espezinham o seu semelhante. Poderíamos ser um mundo tão gracioso, mas não, o mal anda por todo o lado, e a bondade, normalmente está em inferioridade.

"A bondade em palavras cria confiança, a bondade em pensamento cria profundidade, a bondade em dádiva cria amor."

Lao-Tsé

Enquanto não acreditarmos que é pela bondade que a sociedade se modificará para melhor, vamos ter sempre um mundo de desigualdade, cruel e injusto para os mais frágeis e com menos poder económico. Se queremos que o mundo seja de harmonia, então, lutemos pela prática da bondade, pela paz entre os homens. Neste princípio de século, teremos de ser mais solidários e menos materialistas. Saber que o homem foi feito à semelhança de Deus, e que todas as formas de opressão têm de ser banidas do planeta.

Às vezes, pergunto-me o porquê de tantos conflitos armados, em vez de se martirizar os povos, devíamos dar-lhes condições de educação e sobrevivência, para fazerem as suas próprias revoluções e transformações construindo o futuro das comunidades. Mahatma Ghandi foi um grande líder pacifista que lutou até ao seu assassínio pela independência da sua nação. Infelizmente, às vezes, paga-se caro pela defesa da paz. Cristo foi um mártir que lutou pela bondade e paz na terra entre os homens e também foi morto cruelmente. Mas o legado ficou como testemunho durante estes dois mil anos.

Quando percebermos que a riqueza não traz felicidade, mas sim, invejas e conflitos entre os homens, saberemos que é na simplicidade dos humildes que encontramos a tranquilidade. Um homem bondoso trará sempre harmonia a nossas casas, e na sua honestidade transforma quem estiver em seu redor. Como é bom sabermos que somos bem-vindos. É sinal de que estamos no lugar certo para vivermos. Muito embora haja lugares inóspitos para se viver, a nação rica tem o dever de os colocar junto dos bons conselheiros da bondade.

"Não existe verdadeira inteligência sem bondade."

Ludwig van Beethoven

"Não devemos permitir que alguém saia da nossa presença sem se sentir melhor e mais feliz."

Madre Teresa de Calcutá

Quando praticamos a bondade sentimos que tudo é mais fácil, fica sempre uma aura que induz felicidade em nós e em quem nos rodeia. Como é bom sentirmo-nos úteis a alguém. O mundo não gira à nossa volta, somos um todo. O homem é um animal por natureza sociável, deve cooperar, entregar-se de corpo e alma aos seus objetivos altruístas.

Enquanto uns pensam que saem impunes da malvadez, outros arrependem-se e enveredam pelo bem. Todos cometemos erros, mas insistir no erro e na crueldade é inaceitável, num ser humano que se quer solidário e de bem com o mundo. Teremos tempo para refazer os nossos males? Teremos tempo para acreditar que somos melhores pessoas do que antes? Sim! Há sempre tempo enquanto existe vida na terra.

Podemos andar por toda a parte, de norte a sul, este a oeste. Se caminharmos, lado a lado, com a maldade, não vai ser o espaço temporal ou físico que nos vai salvar. A mudança tem de estar no nosso interior, onde um exame de consciência nos possa levar para o lado da bondade.

Quando existe amor pelo próximo, o mal nunca se apodera de nós. A ternura do Amor traz-nos a bondade entre homens e mulheres.

A essência da palavra "pacifista" requer algum cuidado de análise, nos dias atuais. Ser pacifista não é criar desordem na sociedade, é semear Amor ao próximo, é ajuda mútua, é estar pronto para sofrer em detrimento do seu irmão. Pacifista não é ser um lutador de causas políticas, é um dom que vem da alma. Nesta entrega à bondade, a que um pacifista se propõe é importante não se subjugar a interesses instalados na sociedade, não se deixar corromper nem manipular num ato de consciência.

Este dom de entrega altruísta não é fácil de alcançar, são necessários muitos anos de experiência no meio social, para conseguir discernir e construir o lado da bondade. É preciso muito sofrimento para atingir o zénite das questões existenciais.

Ainda hoje, já com idade avançada, sinto-me um aprendiz da vida. Nunca estou ciente que já sei tudo, aliás, acho que nada sei, tudo são suposições. Quando chegam ao pé de mim e me dizem: - Eu é que sei! Está tudo dito. Não vale a pena expectar por um diálogo construtivo e coerente. Sempre ponha dúvidas no que parece adquirido. Não gosto de ter certezas de nada, a única certeza que tenho é que um dia partirei para o reino dos Céus, é inevitável, o resto, pode-se contornar da melhor forma possível, sempre não ferindo suscetibilidades.

Temos de aprender a ter humildade nas nossas ações e atitudes, devemo-nos colocar sempre no lugar do outro. Assim, sabemos que não somos só nós que temos os maiores dos problemas. Toda a gente tem uma história para contar, que não é melhor nem pior do que a nossa. Às vezes, até é muito mais sacrificada do que a nossa própria história de vida. Quem sou eu para julgar alguém? O julgamento é a arma usual dos fracos que se julgam superiores.

Enquanto a nossa vida não tem sobressaltos, não pensamos no dia do amanhã, mas quando nos surge um contratempo, começamos logo a perspetivar o futuro, sofrendo por antecipação. Esta vida, muitas das vezes, é madrasta e coloca-nos à prova frequentemente. Os atritos familiares são o melhor exemplo disso. Discussões familiares, principalmente, com os direitos a heranças. Aqui se vê o real valor materialista das pessoas, ninguém quer perder um bem, mesmo que o outro seja mais desfavorecido e carenciado. Contentar-se com pouco, não é para qualquer um, viver só com o indispensável, também não é para qualquer um. Queremos sempre mais, e mais, nunca estamos satisfeitos. É esta a sina da sociedade de consumo, materialista. Invejamos a riqueza, e não suportamos a carência económica. Quantos homens bons vivem em condições degradantes, desprovidos de bens essenciais e nem por isso deixam de nos dar um sorriso.

Quando praticamos o bem, por hábito, estamos a entrar noutra dimensão, uma dimensão para a felicidade eterna, que poucos a conquistam. Claro que não serei eu a conquistar esse estado de alma, eu mesmo, tenho enormes defeitos, reconheço que não sou nem caminho para a perfeição. Mas também estou como o outro: - Olha para o que eu digo e não olhes para o que eu faço.

Passar do pensamento para a prática, no dia-a-dia, não é tarefa fácil, existem muito contratempos e conflitos interiores que fazem com que não executemos os nossos planos. Uns, porque a sociedade não permite, outros, porque temos medo de que nos chamem de loucos, e ainda outros, social e tradicionalmente, não aceitáveis.

O nosso meio cultural designa as nossas atitudes, que podem ser insignificantes ou, então, de mérito social. Estando a praticar a bondade, nunca nos vai ficar mal, porque os maldosos não têm coragem de enfrentar a bondade, vão sempre por refúgios, contornar as situações.

Nenhuma criança, à nascença, é maldosa ou, talvez, caprichosa; é na educação dos pais que se criam situações de maldade nas crianças. Se a criança for educada desde pequena a ser bondosa e viver num meio social onde a bondade impera, certamente, se vai tornar num bom adulto.

Assim, devemos à nascença incutir a bondade e o amor incondicional. Assim se formam melhores sociedades, e um mundo melhor.

Vamos já na terceira década do século XXI e o mundo não dá pistas para melhorar; continua a haver muita pobreza extrema, morte infantil, inúmeros conflitos armados, em nome de credos e poderios económicos. Os homens mais ricos do mundo estão cada vez mais ricos e não abdicam da sua ostentação para fazer atos reais e duradouros de altruísmo, salvo muito raras exceções. Se cada um tivesse o indispensável para ter uma vida condigna e feliz, certamente, as guerras acabavam e a fome também, e ser rico passava a não ter significado, o mundo seria um lugar bom para viver.

Nestes tempos incrédulos resta-nos ser honestos e bondosos, só assim ficaremos com uma consciência limpa das impurezas que nos incutem no dia-a-dia. Sinta a paz e tranquilidade de espírito quando praticamos o bem. Quando lhe disserem, que aquele é um pobre coitado, desconfie sempre de quem o diz, porque essas palavras de humilhação e amargura, não trazem bons ventos para as suas relações.

O mundo da política, penso eu, e só vale o que vale, é um mundo de sujidade intelectual constante. Guerreiam-se a cada passo, com insultos e quezílias desnecessárias. Muito melhor é enveredarmos pela cidadania, como cidadão comum, que vê com seus olhos todas as imperfeições da sociedade e propõe de um modo construtivo, novas formas para melhorar a vida social. Todos sabemos que os políticos mentem constantemente, estão naquela ânsia de poder e estrelato nos media, que se esquecem que estão no poder para servir o povo e não para se servirem para proveito próprio. Nem quero enfatizar os meios políticos que só mancham esta narrativa.

Podemos ser bondosos sempre que alguém está em sofrimento, uma palavra amiga, cai sempre bem, e depois do bem praticado, sentimos como que uma paz no nosso interior. Nunca devemos menosprezar o nosso semelhante, pois, o dia do amanhã é sempre incerto, a crítica que fazemos hoje, amanhã podemos ser nós, os criticados. Ninguém é perfeito, e no meio das imperfeições, somos chamados a limar as nossas arestas, para que de uma pedra preciosa em bruto, saia uma joia de valor inestimável. A nossa grotesca forma de humilhar o ingénuo é o molde como fomos educados para interagir na sociedade. Nunca seremos inteiramente sábios, haverá sempre alguém para nos ensinar novas formas de estar. Às vezes, os ensinamentos vêm de gente que menos esperamos e que não temos qualquer tipo de expetativas.

A humildade é um estado de alma que nos encaminha para ser bondosos. Um ser humilde, carrega em si todo o sofrimento do mundo, e claro, traz consigo a bondade, porque sabe quanto é cruel ser humilhado e rejeitado pela sociedade. Por vezes, é melhor estar em silêncio e ouvir as vozes da razão, para assim, nos podermos defender da malvadez que prolifera a cada esquina que contornamos. Nunca será fácil esta caminhada terrena, haverá sempre alguém que vai tentar deitar-nos abaixo. Está na génese dos perversos, que existem aos "magotes", terem o prazer de realizar atos de sequestrar o bem que tentamos fazer ao outro. Mas, se formos persistentes, podemos, subtilmente, encarar isso como um desafio de melhorar o nosso coração bondoso.

As palavras que dirigimos aos outros devem ser bem-intencionadas, sob pena de serem mal interpretadas e criarmos conflitos desnecessários. Devemos ponderar as nossas palavras, sempre com um sentido bondoso, para que haja uma recetividade desejada de bondade. Quando somos arrogantes, nos nossos dizeres, podemos estar a procurar quezílias que em nada nos favorecem. Estar de bem com os outros e com o mundo, às vezes, pode não ser fácil devido a condições psicológicas e económicas. Como diz o ditado popular: "Em casa onde não há pão, todos ralham e ninguém tem razão".

E, por vezes, é mesmo isso, quando falta o tal aclamado dinheiro, tudo começa a ser insuportável. Cometem-se crimes e outras coisas hediondas por causa do dinheiro; podíamos, muito bem, tentarmos viver com humildade e não querer mais daquilo que nos é destinado. Quando um homem é bom, por natureza, as coisas acontecem, pode demorar, mas acontecem, para seu proveito e sua família. Os negócios menos claros trazem desavenças, trazem conflitos para as suas famílias, então antes de enveredar por esses caminhos sinuosos, mais vale fazer uma vida com humildade e de bem com o mundo.

Por vezes, ponho-me a pensar porquê tanta ostentação, tanto pretensiosismo, tanto achincalhar os outros? E não estou a falar no mundo da política que, como já sabemos, é integralmente sujo por natureza. Estou a falar das nossas relações sociais, quando pretendemos mostrar mais do que aquilo que somos para sermos o centro das atenções. Isso é para alimentar um ego desprotegido de bondade, porque se fosse um ego bom, ouvíamos os outros, abraçávamos os que estão carenciados, fazíamos tudo para ver o nosso semelhante feliz. Assim, sim, o nosso ego seria forte e dinâmico, colocaria anos à nossa vida em pé de igualdade.

O mundo ocidental, capitalista, está a tornar-se um lugar impróprio para se viver em paz, por isso, muitas comunidades vivem à margem da sociedade, vivem isoladas em comunidades cumprindo as suas próprias regras em harmonia com a natureza. Fartos de conceitos consumistas da sociedade capitalista, recorrem à natureza e ao que lhes oferece. São comunidades pacíficas, de amor à mãe natura. Primeiro, foram estrangeiros que trouxeram esse estilo de vida, em comunidade, estes já com uma mentalidade mais aberta e tolerante. Mas nem toda a gente está para transformar a sociedade, alguns só querem saber do dinheiro que podem ganhar. Criar riqueza, implica criar pobreza, também. É nisso que o capitalismo falhou, ao gerar riqueza, criou pobreza, marginalidade e exclusão. A ideologia comunista e sociedade sem classes, seria a melhor forma de viver em sociedade, mas como provou a história do princípio do século XX, foi um projeto falhado. Em lugar de criar um bom lugar para viver, criou um mundo de pobreza e fome, e também deportações e genocídios. A ostentação do poder e autoritarismo daqueles governantes deitaram toda a ideologia por terra, não a pondo, na sua essência, em prática.

Uma sociedade igualitária, com direitos e deveres iguais para todos, sem exceções, nunca foi praticada em toda a história da humanidade. A obsessão pelo poder e por criar riqueza supérflua sempre esteve na génese do homem. Portanto, hoje temos sociedades mais justas e outras menos justas, além de algumas ditaduras que ainda resistem nos dias de hoje.

No fundo, o que falta ao homem para ser feliz é ser bondoso, praticar o bem sem pensar em tirar usufruto disso. Desinteressadamente, deve promover a felicidade, e assim a vida pode, certamente, tornar-se mais harmoniosa no seu seio familiar e amigos. Por falar em amigos, parte-se do princípio que é nas relações de amizade onde impera o bem, e se pratica a bondade. Se não for assim, não é amizade, não somos amigos de ninguém. Amizade é entreajuda, é estar pronto par ajudar o amigo que está em dificuldades.

Normalmente, a pessoa bondosa, materialmente falando, sai sempre prejudicada, mas ética e moralmente está muito acima dos interesseiros que não perdem oportunidade para lixar o parceiro. A dependência dos bens materiais sempre foi um entrave para que o homem fosse bondoso. E ser bondoso não é fazer atos de caridade pontuais, é estar sempre com o bem por perto, no seu coração e no coração dos que ama.

Caminhemos pela bravura da bondade, fazer dela o nosso dia-a-dia, sabendo que a consciência está sempre leve e a revolta não encontra pouso nas nossas almas. O verdadeiro revolucionário é o homem que traz consigo a bondade, onde não existe julgamentos de opinião, e a tolerância é um fato consumado.

Como já tinha dito, Cristo foi o verdadeiro revolucionário na nova era, ele conquistou os corações do seu povo, praticando a bondade entre os homens. Infelizmente teve um fim trágico para salvação da humanidade. Pagou um preço muito alto, mas até aos dias de hoje não apareceu ninguém do seu calibre. Fora o que daí adveio os ensinamentos da religião cristã dos seus seguidores, pode-se pôr muita coisa em causa. Mas a filosofia de vida de Cristo, e só de Jesus Cristo é inédita para a civilização ocidental. O carinho com que suas palavras eram ditas aos seus seguidores eram explosões de bondade.

Eu sei que os ateus e agnósticos não têm a mesma opinião. Estão no seu direito, mas, não podem negar as palavras de Cristo no que diz respeito a praticar o bem, e a harmonia entre os povos. Quando Ele dá a outa face, depois de ser agredido, só mostrou a grandeza de espírito de sua pessoa.

"Ame seus inimigos, faça o bem para aqueles que te odeiam, abençoe aqueles que te amaldiçoam, reze por aqueles que te maltratam. Se alguém te bater no rosto, ofereça a outra face."

Jesus Cristo

Atualmente poucos são os que ainda acreditam que ser bondoso é um dom, mas, por ser tão rara a bondade é que se torna um dom inestimável. Porque é que as pessoas mais humildes são mais bondosas, e os mais ricos e poderosos são uns crápulas? Porque o humilde, normalmente, já esteve em sofrimento constante, em carência afetiva, e por mais que o rico e poderoso tente compreender a humildade nunca o vai conseguir até cair em desgraça extrema.

O mundo não é uma linha reta sem fim, mas sim um círculo que te apanha ao virar da esquina. A lei do retorno é uma realidade na vida humana, porque nós vivemos em círculos que se repetem ao longo do tempo. Tudo é novo, até se repetir, e essa repetição não é tão rara quanto isso. Levemos a vida com ligeireza, amemos o nosso semelhante por mais controverso que possa ser. Acreditemos que o nosso semelhante possa vir a melhorar a sua condição humana. Duvidemos das certezas, só existe uma certeza que é a bondade.